Armin Täubner

Die Mäuse-Weihnacht

Fensterbilder aus Tonkarton

Frech-Verlag Stuttgart

Auflage: 6. 5. 4. 3. 2. 1. | Letzte Zahlen
Jahr: 1997 96 95 94 93 | maßgebend

frech-verlag GmbH + Co. Druck KG, 70499 Stuttgart

ISBN 3-7724-1707-8 · Best.-Nr. 1707 Druck: Frech-Verlag GmbH+Co. Druck KG, 70499 Stuttgart

Man sagt ihnen nach, daß sie unscheinbar seien, ... na, mausgrau eben! Aber wer das behauptet, der kennt die Weihnachtsmäuse von Armin Täubner noch nicht! Denn bei denen ist gar nichts langweilig, sie stecken mittendrin in den aufregenden Vorbereitungen für das Weihnachtsfest!

Und für die vielen Mäusekinder ist die Spannung kaum noch auszuhalten, wenn der Mäuse-Nikolaus seine Runde macht, wenn die Geschenke verteilt werden, der Weihnachtsbaum ausgesucht wird und wenn im Schnee die ersten Ausflüge auf den Skiern möglich sind. In der Zwischenzeit hat Mama Maus auch mit der Weihnachtsbäckerei begonnen – es duftet einfach köstlich aus der Küche. Ob sie wohl ein besonderes Käse-Weihnachtsplätzchen-Rezept gefunden hat? Aus Käse besteht bei der Mäuse-Weihnacht natürlich auch der Tannenbaum, das ist einfach ein Mäuse-Traum!

Nur ein klitzekleines Problem haben diese Weihnachtsmäuse noch! Wo sollen sie nur ihr großes Weihnachtsfest feiern ... wie wär's denn bei Ihnen in der Wohnung?

Fensterbilder

Material:
Ton- und Fotokarton in verschiedenen Farben, Gewicht 250-300 g/qm; weißes Transparentpapier (Architektenpapier) oder Butterbrotpapier für Schablonen

Werkzeug:
Mittelgroße, spitze Schere; Nagelschere; Cutter mit Schneidunterlage; Zirkel; Klebstoff; Bleistift; Kugelschreiber; Geodreieck; Vorstechnadel zum Einstechen der Aufhängelöcher; Garn

1. Abpausen und Übertragen der Motive

Es gibt zwei Möglichkeiten:

Schablonen herstellen
Die einzelnen Teile werden ohne Überschneidungen von der Schnittvorlage nebeneinander auf Butterbrotpapier oder weißes Transparentpapier mit Bleistift abgepaust. Die gepausten Teile nun auf einen dünnen Karton kleben und exakt ausschneiden. Diese Schablonen werden auf den Tonkarton gelegt und die Umrisse mit Bleistift nachgezogen.

Direktübertragung auf Tonkarton
Die Teile der Schnittvorlage werden mit Bleistift ohne Überschneidungen auf kräftiges weißes Transparentpapier gepaust. Dieses Papier direkt auf den Tonkarton legen. Mit Kugelschreiber werden die Umrisse der Einzelformen nachgezogen. Die Konturen drücken sich in den Karton ein und können dann ausgeschnitten werden.

2. Das Ausschneiden

Der überwiegende Teil der Schneidarbeit wird mit dem Cutter oder Bastelmesser ausgeführt. Diese Messer haben verschiebbare Klingen. Ist die Spitze der Klinge, mit der geschnitten wird, stumpf, wird sie einfach abgebrochen und die Klinge nachgeschoben. Damit können exakte Schnitte an den für Scheren schwer bzw. unzugänglichen Stellen ausgeführt werden. Das Messer halten Sie beim Schneiden wie einen Kugelschreiber. Vorher müssen Sie allerdings unter den Tonkarton eine Schneidunterlage aus dem Fachhandel legen. Zur Not genügt auch ein dicker Karton. Ist die Kartonunterlage durch viele Schnitte zerfurcht, sollte sie ausgewechselt werden, weil sonst die Klinge beim Schneiden evtl. abgelenkt wird. Die Umrisse der Fensterbilder werden meist mit der Schere nachgeschnitten.

3. Nach oben gewölbte Kartonränder

Sie entstehen, wenn Kartonformen mit dem Messer ausgeschnitten werden. Auf diese Stellen einfach einen Bogen Papier legen, und die Ränder mit dem Fingernagel kräftig nachziehen. Durch das aufgelegte Papier werden die geglätteten Ränder nicht speckig.

4. Gestaltung von Vorder- und Rückseite des Fensterbildes

Im Buch ist stets beschrieben, wie die Vorderseite des Fensterbildes gearbeitet wird. Bei frei hängenden Motiven werden die meisten Teile allerdings doppelt ausgeschnitten und auf der Rückseite in derselben Reihenfolge wie auf der Vorderseite, jedoch spiegelverkehrt, angeklebt.

Pluster-Pen

Plusterfarben wurden ursprünglich für den textilen Bereich entwickelt. Charakteristisch für Plusterfarben ist, daß sie unter Hitzeeinwirkung aufquellen. Dies geschieht bei Textilien durch Bügeln der Rückseite, bei bemalten Kartons durch Fönen von vorne. Diese Farben können natürlich auch auf andere Oberflächen z. B. Holz, Stroh, Glas etc. aufgetragen und durch Fönen zum Quellen gebracht werden. Plusterfarben werden entweder mit dem Pinsel oder mit dem sogenannten **Pluster-Pen** aufgetragen. Für die Verzierung von Fensterbildern verwendet man vorwiegend den Pluster-Pen, denn mit ihm können sowohl Punkte als auch Linien, Strukturen und kleinere Flächen gemalt werden.

Bevor der Pluster-Pen gezielt beim Basteln eingesetzt werden kann, sollten Sie seine Eigenschaften auf einem **Probekarton** testen. Dazu werden einige Punkte, Linien, Buchstaben, Strukturen und eine kleine Farbfläche auf den Karton aufgetragen. Nun muß die Farbe mehrere Stunden trocknen. Wird jetzt die Farbe schräg von der Seite auf höchster Stufe gefönt, wird sie etwas heller und quillt auf. Anschließend werden zum Vergleich dieselben Punkte, Linien und Flächen daneben nochmals aufgetragen und sofort gefönt. Der Plustereffekt ist bei der zweiten Methode deutlich größer und erinnert ein wenig an Frotteestoff.
Größere Flächen lassen sich nur dann relativ gleichmäßig plustern, wenn zum einen der Farbauftrag gleichmäßig ist und wenn zum anderen die Farbe vor dem Fönen durchtrocknen kann. Andererseits ist beispielsweise bei Schneeflächen die unregelmäßige Oberflächenstruktur durchaus erwünscht.
Ein wichtiger Punkt ist, daß sofort geplusterte Flächen bei mehrmaligem Fönen unregelmäßig dunkler werden und etwas an Volumen verlieren können. Diese Plusterflächen sind auch nicht so strapazierfähig wie gefönte Flächen, deren Farbe vorher mehrere Stunden auftrocknen konnte.

Da lacht das Mäuse-Herz

Den Kopf an den Pullover legen und als Verbindungsstück den Kragen (punktierte Linie) aufkleben. Nun das große Mützenteil ebenfalls an den Kopf anlegen und den Mützenrand (punktierte Linie) anbringen. Ohr, Nase und Mützenpompon befestigen. Das Gesicht aufmalen. Am rechten Ärmel von hinten die Pfote mit dem aufgeklebten Päckchen fixieren. Die zweite Pfote mit dem Tannenzweig hinter den linken Ärmel ankleben und am Pullover anbringen. Schwanz und Hose samt Schuhteil von hinten am Pullover befestigen. Hosenbeine und Schuhe jeweils durch eine schwarze Linie trennen.

Ein Nickerchen im Kerzenschein

Von hinten an der Kerze den Schein anbringen. Von vorne die Flamme aufkleben, mit Pluster-Pen verzieren und den Docht ergänzen. Die brennende Kerze auf den Rahmen kleben.

An den beiden Pullovern von hinten die Köpfe und Hosen sowie an den Armen die Pfoten fixieren. Ebenfalls von hinten an den Hosen die Schuhe und Schwänze befestigen. An jedem Kopf zuerst das Haarteil und dann beidseitig die Ohren ankleben. Nun das Gesicht aufmalen und mit Pluster-Pen ergänzen. Beide Mäuse an die Kerze lehnen.

Ergänzende Zeichnung auf dem Vorlagenbogen

Mit Papas Hilfe klappt's

Mädchen:
Am Mantel von hinten Kopf, Schwanz und das linke Hosenbein befestigen. Als nächstes die Ärmel samt Pfoten und Skistock anbringen. Nun das gelbe Haarteil, das Ohr und die Nase ankleben. Das Mausgesicht aufmalen. An das angeklebte Hosenbein den Ski anlegen und als Verbindungsstück den Skistiefel fixieren. Etwas versetzt dahinter das rechte Hosenbein mit Ski und Stiefel befestigen.

Vater:
An den blauen Rumpf (durchgezogene Linie) den Kopf anlegen. Von vorne den gelben Rollkragenpullover und darauf die lila Jacke samt Ärmel und Pfote kleben. Am Kopf zuerst die Mütze, dann Ohr und Nase anbringen. Das Gesicht aufmalen. Die Hosenbeine durch eine Trennlinie abgrenzen. Einen Stiefel von vorne, den anderen leicht versetzt von hinten an der Hose befestigen.
Die Pfoten von Vater und Kind ineinanderlegen und beide auf der Schneefläche anordnen. Ganz nach Belieben mit Pluster-Pen verzieren.

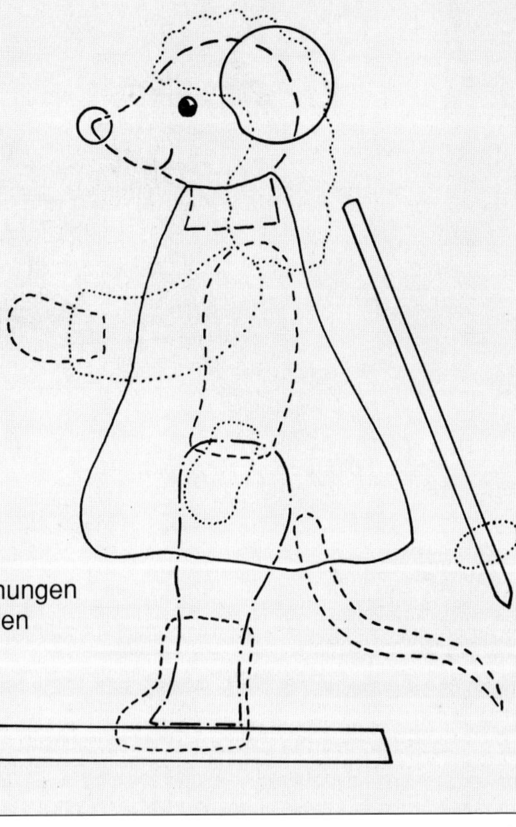

Originalgröße und ergänzende Zeichnungen siehe Vorlagenbogen

Weihnachts-Bäckerei

Den Tisch mit blauen Linien verzieren. Die Teigschüssel und das fertige Gebäck an den Vorsprüngen des Tisches befestigen. Am Kleid (durchgezogene Linie) von vorne die Schürze (Strich-Punkt-Linie) anbringen. Als nächstes den Kopf von vorne an der Schürze fixieren. Haarteil und Nase aufkleben und die Augen aufmalen. Die fleißige Bäckerin hinter den Tisch stellen. Nun die Puffärmel mit den Vorderbeinen und dem Teigklumpen an der Schürze bzw. am Tisch fixieren.

Der 4. Advent

Am Kamin (durchgezogene Linie) zuerst die rechteckige Öffnung (gestrichelte Linie) und den braunen Sims (Strich-Punkt-Linie) anbringen. Nun die Holzscheite aufeinanderkleben und die Flammen von hinten fixieren. Auf dem Kaminsims die vier Adventskerzen anordnen, Docht und Flammen aufmalen. Zusätzlich noch mit dem Wandkranz und dem Stern dekorieren.

Am Sessel von vorne die Armlehne befestigen. Nun kleben Sie den Mäuserich zusammen: Die Pfote von hinten am Ärmel ankleben, Hosenteil und Pullover aneinanderlegen und als Verbindungsstück den Ärmel aufkleben. Von hinten Kopf und Schuh anbringen. Am Kopf zuerst das Haarteil, dann Ohr und Nase befestigen. Die Pfeife von hinten am Kopf fixieren. Das Auge aufmalen und die Maus von hinten am Sessel ankleben. Den Schwanz anbringen und den Sessel vor dem Kamin plazieren.

Brr, so eine Eiseskälte

Das Ohr an der Kapuze ankleben. Nun den Kopf in den V-förmigen Einschnitt der Kapuze legen und als Verbindungsstück das Haar-Bart-Teil anbringen. Die Nase fixieren und das Auge aufmalen. Anschließend Ärmel und Tasche am Mantel befestigen. Von hinten Pfote und Schwanz anordnen. Die beiden Holzscheite übereinanderkleben und von hinten die Flammen anbringen. Nun den inneren Flammenbereich z. B. mit Pluster-Pen orangerot anmalen. Sack, Weihnachtsmann und Lagerfeuer in der Schneehöhle positionieren.

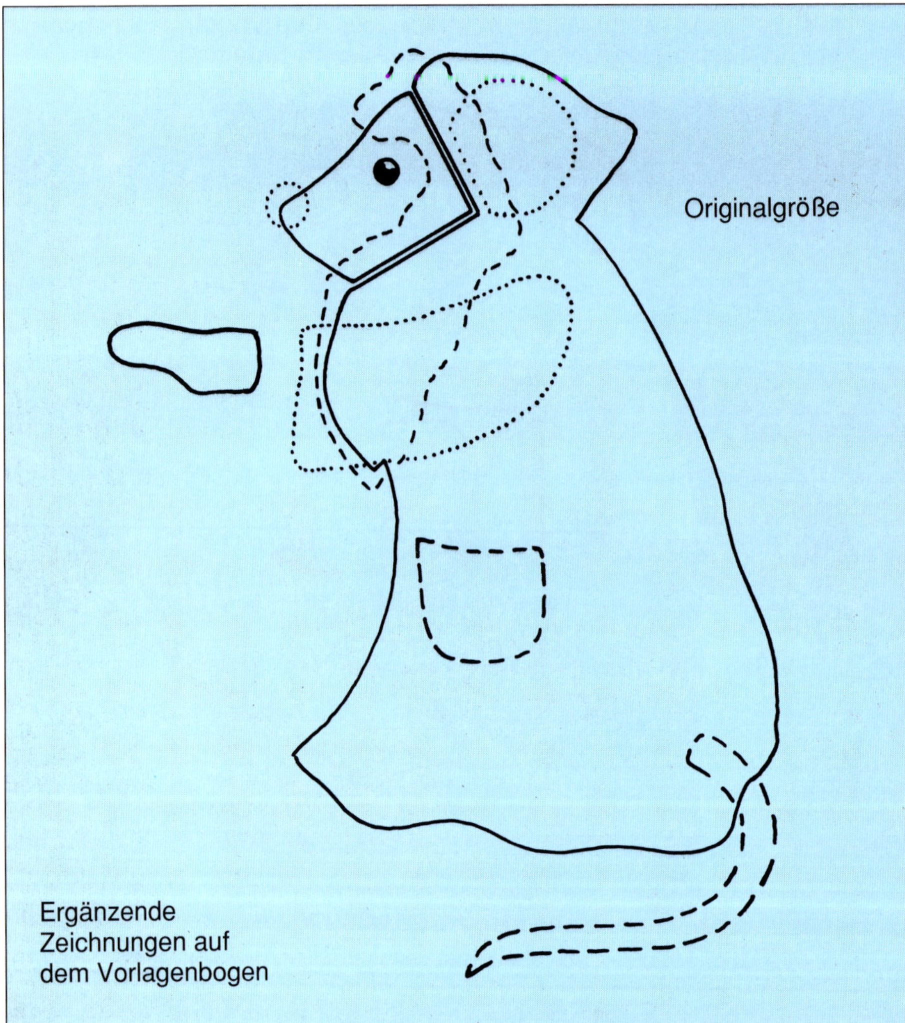

Auf dem Weg zur Bescherung

Den Kopf in den V-förmigen Ausschnitt der Kapuze legen und als Verbindungsstück das Haar-Bart-Teil aufkleben. Nun Ohr und Nase anbringen und das Auge aufmalen. Die Pfoten, den linken Ärmel, den Schwanz und die Stiefel befestigen. Auf dem Schneehügel die drei hinteren Tannen (durchgezogene Linie) anordnen. Davor den Weihnachtsmann und seinen Schlitten mit dem Geschenkesack anbringen. Anschließend die vierte Tanne, die den Schlitten teilweise verdeckt, ankleben. Die Schlittenschnur aufmalen und das Fensterbild mit weißem Pluster-Pen verzieren.

Ein Advents-Schläfchen

An der Kerze von hinten den Schein fixieren. Von vorne die Flamme aufkleben und den Docht aufmalen. Den Zweig ringsum einschneiden. Nun die Kerze an den Tannenzweig legen und das obere Teil des Kerzenhalters als Verbindungsstück aufkleben. Etwa 1 cm darunter, an der Einbuchtung des Zweiges, das zweite Kerzenhalterteil befestigen.
Am Mäusekörper von vorne Haarteil, Ohr und Nase, sowie Hose, Pfote und linken Arm anbringen. Von hinten das zweite Ohr befestigen. Als nächstes das Gesicht aufmalen. Den Stern auf dem Zweig plazieren, die Maus fixieren und beliebig mit Pluster-Pen verzieren.

In der Weihnachts-Nacht

Den dunkelblauen Rahmen mit der Schneefläche und dem Stern bekleben.

Mausfrau:
Am Mantel von hinten Kopf und Schwanz anbringen. Nun das Haarteil, das Ohr sowie die Nase fixieren und das Auge aufmalen. Den Ärmel samt Pfote aufkleben. Als nächstes den Mantel am Querbalken der Bank befestigen. Von hinten die Beine anbringen.

Mausmann:
Auf die Jacke mit einem schwarzen Stift die Rückenlinie und die Trennlinien der Ärmel aufmalen. An der Jacke von hinten Kopf, Pfoten, Schwanz und Hose befestigen. Am Kopf noch das Haarteil und die Schnauze ankleben. Den Mäuserich ebenfalls auf den Querbalken setzen.

Abschließend das sitzende Pärchen samt Bank auf die Schneefläche kleben und mit Pluster-Pen verzieren.

Das hat geschmeckt!

Auf dem Lebkuchenstern (durchgezogene Linie) den Zuckerguß (gestrichelte Linie) fixieren. In die herausgeknabberte Öffnung in der Sternmitte den grauen Mauskörper mit Schwanz kleben. Von vorne die beiden Pfoten anbringen. Am Kopf zuerst das Haarteil (durchgezogene Linie), dann das Ohr und die Nase befestigen. Von hinten das zweite Ohr anbringen. Das Auge aufmalen.

Das wird der schönste Mäuse-Weihnachtsbaum

Den Kopf an die Jacke anlegen und als Verbindungsstück den Kragen aufkleben. Haarteil (punktierte Linie), Ohr und Nase fixieren.
Das Auge aufmalen. Nun den Ärmel samt Pfote und die Jackentasche anbringen. An der Jacke von hinten die Hose mit den Schuhen und dem Schwanz ankleben. Mit einem schwarzen Stift die Hosenbeine trennen.
An der linken Tanne von hinten den Stamm fixieren. Diese Tanne an Kopf und Pfote der Maus befestigen. Auf der Schneefläche zuerst die andere Tanne, dann die Maus mit dem auserwählten Mäuse-Weihnachtsbaum ankleben. Darunter den Baumstumpf und die zweiteilige Säge plazieren. Mit Pluster-Pen kleine I-Tüpfelchen setzen.

Ergänzende Zeichnung auf dem Vorlagenbogen

Originalgröße

Ui – für mich?

Mutter:
Den Kopf von hinten am Kleid befestigen. Anschließend Haarteil, Ohr und Nase ankleben. Das Auge aufmalen. Am Kleid von vorne Schwanz und Schleife sowie den Ärmel mit der Pfote anbringen.

Kind:
Am Hemd von hinten Kopf, Hose und Schwanz ankleben. Haarteil, Ohr und Nase fixieren und das Auge aufmalen. Nun den linken Arm mit der Pfote und die Schuhe befestigen.
Mutter und Kind vor dem Weihnachtsbaum plazieren. Den Baum mit Stern und Kerzen schmücken, einzelne Pluster-Effekte setzen.

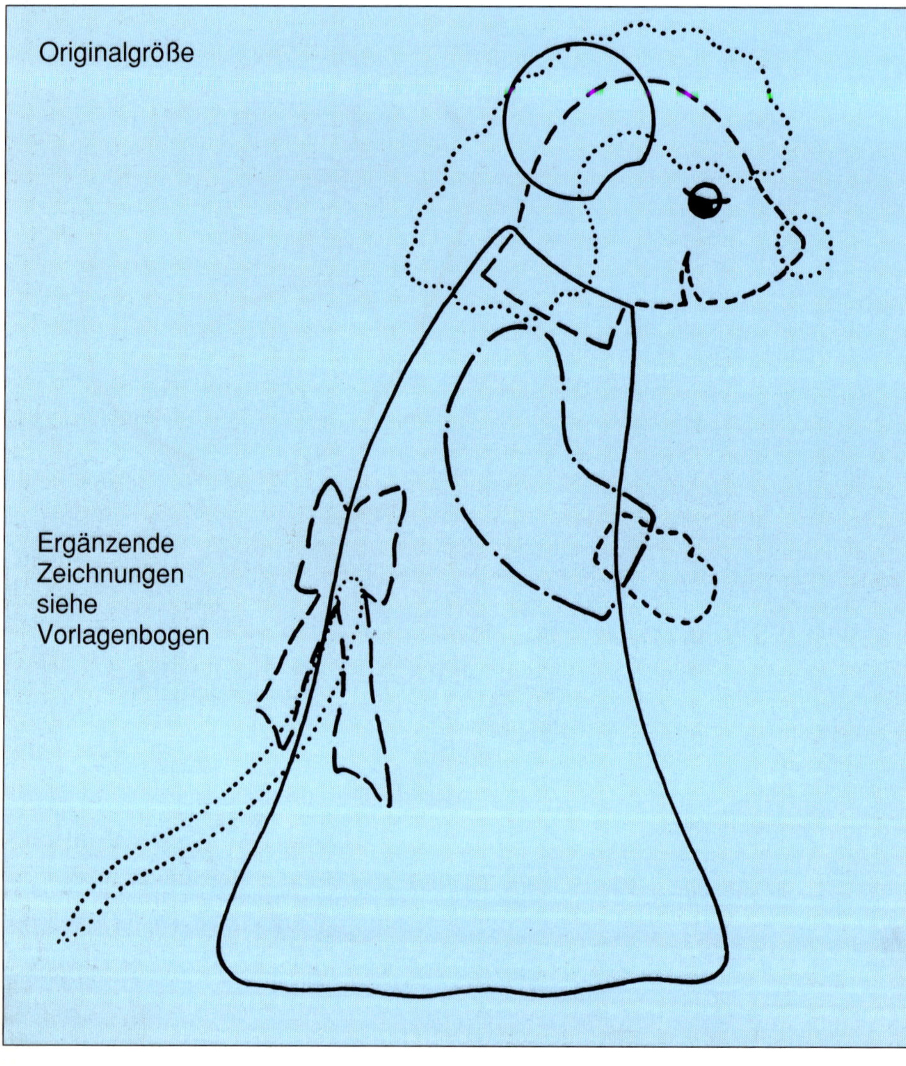

Originalgröße

Ergänzende Zeichnungen siehe Vorlagenbogen

Ein Mäuse-Engelchen

Den Kopf von hinten am Kleid befestigen. Von vorne den linken Ärmel (punktierte Linie) samt Pfote anbringen, aber vorerst nur im Schulterbereich befestigen. Haarteil, Ohr und Nase ankleben. Am Kleid von hinten Flügel, Füße, Schwanz und die rechte Pfote positionieren. Das Gesicht aufmalen. Zwischen die Pfoten einen Stern schieben. Abschließend das Mäuse-Engelchen zusammen mit zwei Sternen auf der Wolke befestigen.

Was da wohl drin ist?

Die Kerzen von vorne an den Tannenzweigen ankleben. Dochte und Flammen mit Filzstift aufmalen. Kopf, Schwanz und Schuh von hinten am roten Rumpf des Mäusekindes fixieren. Am Kopf zuerst das Haarteil (gestrichelte Linie), dann die Ohren und die Nase anbringen. Auge und Mäulchen aufmalen. Anschließend den Ärmel samt Pfote befestigen. Am Päckchen die Schleife ankleben. Maus und Päckchen auf dem Weihnachtsbaum anbringen.

Die Heiligen Drei Könige aus dem Mäuseland

Bei den Mäusekönigen jeweils Kopf und Schwanz von hinten an den Gewändern fixieren. An den Köpfen zuerst das Haarteil, die Krone und schließlich das Ohr ankleben. Dann die Nasen anbringen und die Augen aufmalen. Nun die Ärmel samt Pfoten an den Gewändern befestigen. Die Könige auf der Schneefläche anordnen, mit Pluster-Pen verzieren und der grauen Maus den Sternstab in die Pfote drücken.

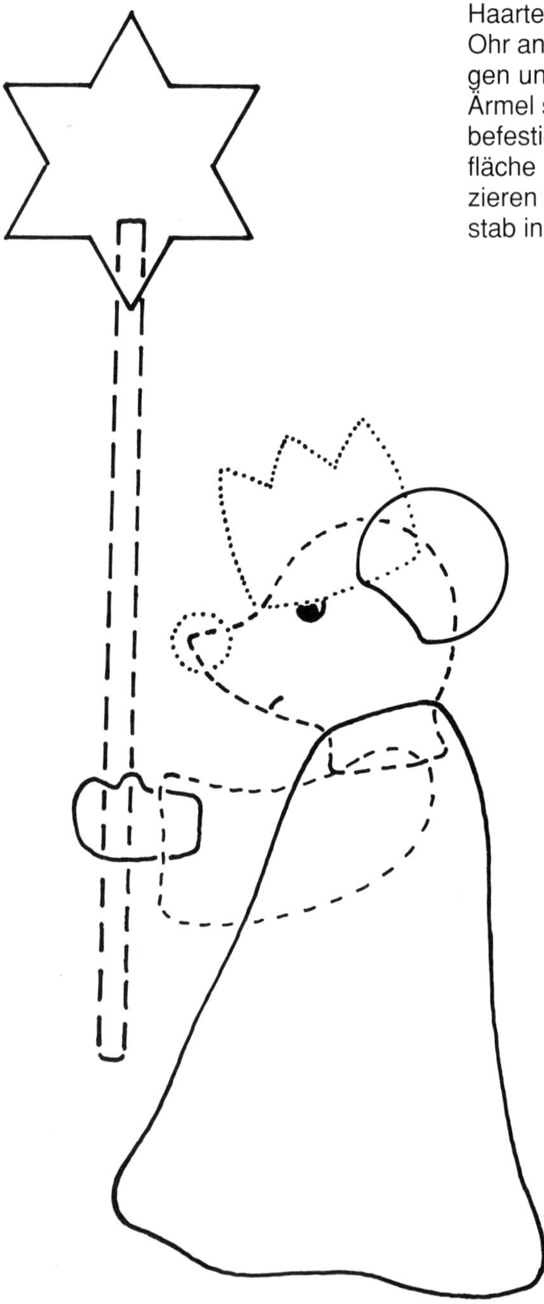

Originalgröße

Ergänzende Zeichnungen siehe Vorlagenbogen

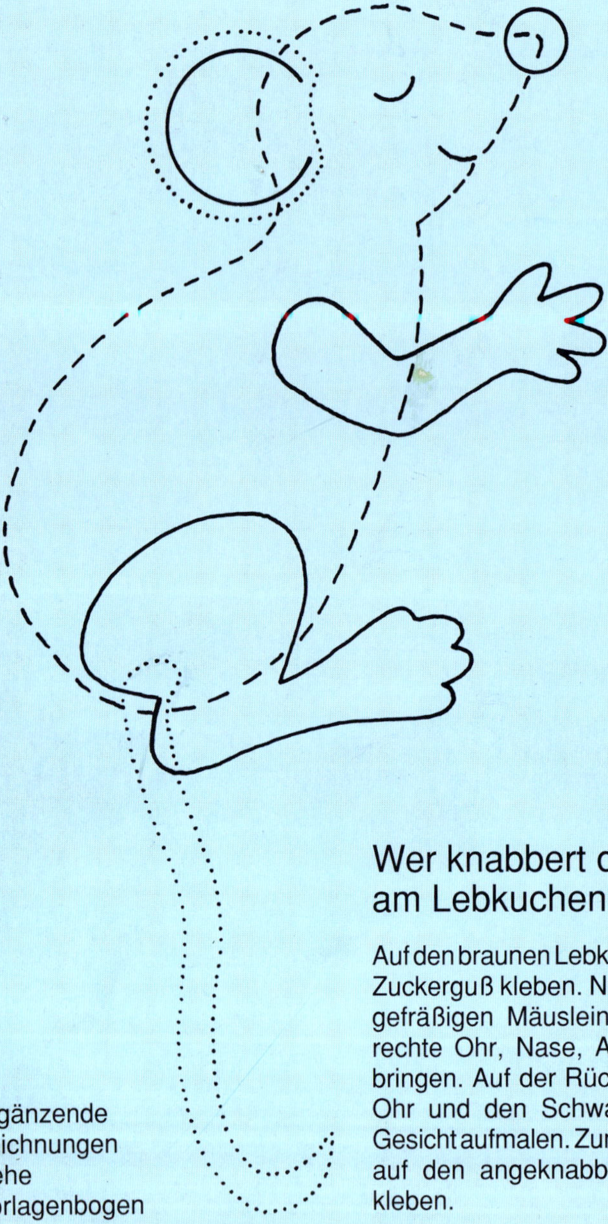

Wer knabbert denn da am Lebkuchen?

Auf den braunen Lebkuchen den weißen Zuckerguß kleben. Nun am Körper des gefräßigen Mäusleins von vorne das rechte Ohr, Nase, Arm und Bein anbringen. Auf der Rückseite das zweite Ohr und den Schwanz fixieren. Das Gesicht aufmalen. Zum Schluß die Maus auf den angeknabberten Lebkuchen kleben.

Ergänzende Zeichnungen siehe Vorlagenbogen

Ein Traum von einem Mäuse-Weihnachtsbaum

Die Ecken der grünen Bodenfläche mit der Schere abrunden, den Käseberg aufkleben und mit Kerzen und Tannenzweigen schmücken. Mit einem schwarzen Stift die Käselöcher aufmalen.

Am Rumpf von hinten Kopf, Schwanz und Schuhe anbringen. Nun am Kopf Haarteil, Ohr und Nase ankleben. Das Gesicht aufmalen. Dann den Ärmel samt Pfote ankleben und die Maus vor den Käseberg legen, nach Belieben mit Pluster-Pen ergänzen.

Der Mäuse-Nikolaus ist da!

Bei den Kindern am Mantel bzw. an Pullover und Hose von hinten Kopf, Schwanz und Schuhe ankleben. An den Köpfen zuerst jeweils das Haarteil und dann das Ohr befestigen. Nun die Gesichter aufmalen.
Den Kopf des Mäuse-Nikolauses in den V-förmigen Ausschnitt der Kapuze legen und das Haar-Bart-Teil aufkleben. Nun das Ohr und die Nase anbringen.
Am Mantel von vorne den Ärmel mit der dahintergeklebten Pfote, von hinten Sack und Schwanz befestigen.
Auf die Schneefläche (durchgezogene Linie) die hellbraune Hauswand (gestrichelte Linie) und darauf Tür und Fenster kleben. Als nächstes den Schornstein und den Tannenbaum anbringen.
Zum Schluß den Nikolaus und die Kinder vor dem Haus plazieren und den Schnee aufplustern.

Von dem bekannten Autor Armin Täubner sind zahlreiche andere Titel im Frech-Verlag erschienen. Hier eine Auswahl:

Armin Täubner
Bärige Weihnacht. Fensterbilder aus Tonkarton
Vor dem Fest gibt's auch bei Familie Bär noch allerhand zu tun: Papa Bär sucht die schönste Tanne, der Weihnachtsbaum wird festlich geschmückt, und die Bärenkinder warten ungeduldig auf den Weihnachtsmann – das wird eine bärige Weihnacht!
32 S., Farbf., Vorlagenbg.
TOPP 1587 ISBN 3-7724-1587-3

Armin Täubner
Ganz in Weiß. Weihnachtliche Fensterbilder
Alle Modelle sind in Weiß gearbeitet, und die Arbeiten beweisen: Fensterbilder müssen nicht immer bunt sein. Sei es der Stall von Bethlehem oder ein verspieltes Gänsepaar – weißer Tonkarton verleiht allem eine festliche Ausstrahlung.
32 S., Farbf., Vorlagenbg.
TOPP 1589 ISBN 3-7724-1589-X

Armin Täubner
Wintersport der Tiere. Fensterbilder
Die Kuh tanzt auf dem Eis, der Frosch fährt Schlitten, das Schaf saust auf dem Snowboard den Hügel hinab, der Fuchs fährt Bob, der Saurier rutscht auf dem Baumstamm über den Schnee, der Hund schießt ein Eishockey-Tor ...
32 S., Farbf., Vorlagenbg.
TOPP 1695 ISBN 3-7724-1695-0